AF561137

LA VEUVE DE CANCALE,

PARODIE

DE LA VEUVE DU MALABAR;

EN TROIS ACTES ET EN VERS.

Par M. PARISAU.

Représentée pour la premiere fois sur le Théâtre de la Comédie Italienne, le 3 Octobre 1780.

Prix 24 sols.

A PARIS,

Chez VENTE, Libraire des Menus-Plaisirs du Roi & des Spectacles de Sa Majesté, rue des Anglois.

M. DCC. LXXX.

Avec Approbation & Permission.

ACTEURS.

LASSANA, *Veuve du grand Colas, Bedeau de Cancale*,	Mme Julien.
SUZON, *Chambriere de la Veuve*,	Mlle Carline.
LE BAILLI *de Cancale*,	M. Roziere.
LE GREFFIER *de Cancale*,	M. Remon.
BRISEFER, *Sergent de Milice*,	M. Ménier.
FENDANT, *Soldat de Milice*,	M. d'Orgeville.
UN VALET-DE-CHAMBRE *du Seigneur de Cancale*,	M. Favart.
UN PROCUREUR,	M. Coraly.
UN RECORS,	M. Dufrénoy.
SOLDATS DE MILICE.	
TROUPES DE PAYSANS.	

La Scène se passe sur la Place publique de Cancale.

LA VEUVE DE CANCALE, PARODIE.

ACTE PREMIER.

Le Théâtre repréſente une Halle, un Puits au milieu de la Place. Au lever de la toile le Bailli eſt entouré de Payſans qui pleurent.

SCÈNE PREMIÈRE.

LE BAILLI, *ſeul.*

LE Bedeau, grand Colas, a terminé ſa vie;
Qu'on ſache ſi ſa veuve, à l'uſage aſſervie,
Conformant ſa conduite aux mœurs de nos climats,
Se prépare ce ſoir à paſſer dans mes bras;
C'eſt une loi puiſſante, antique & générale
Dans tous les alentours du reſſort de Cancale.

CENE II.

LE BAILLI, LE GREFFIER.

LE BAILLI.

Vous êtes mon éleve, & j'en suis très-content,
C'est moi qui vous appris à plumer un client,
Vous serez le premier des garçons de la noce.

LE GREFFIER.

Quoi! vous profiteriez d'une coutume atroce?
Et quand? lorsqu'en ces lieux chacun tremble pour soi,
La milice, à Cancale, a répandu l'effroi;
Chacun d'un billet noir craint la funeste chance,
L'amante d'un amant va déplorer l'absence,
La mere voit son fils, d'un regard affligé,
S'éloigner d'un mousquet péniblement chargé.
Et vous, d'un triste hymen serrant le nœud critique,
Vous voudriez danser dans la douleur publique.

LE BALLI.

Qu'importe! Lassana doit céder à son sort.
Pensez-vous que du sang dont on sait qu'elle sort.

LE GREFFIER.

Faut-il siffler ainsi, pour nous parler en maître.

LE BAILLI.

Elle m'épousera, j'en suis certain.

LE GREFFIER.

Peut-être.

LE BAILLI.

Je dois en Magiſtrat faire parler la loi,
Sur-tout quand je ſuis ſûr qu'elle parle pour moi.
Veuf, je puis ſuccéder au mari qui trépaſſe ;
Si la Veuve y répugne, elle en ſouffre, elle paſſe
Des jours tiſſus d'ennuis, on craint de l'approcher.
Aucun du bout du doigt n'oſeroit la toucher,
Par ma main elle échappe à ce mépris injuſte :
Greffier, j'en fais ma femme, & cet hymen auguſte
Satisfait à la fois ſon orgueil & ſon cœur.

LE GREFFIER.

Votre uſage eſt barbare, & j'en hais la rigueur :
Épouſer une femme au ſortir d'eſclavage,
C'eſt lui rafler tout net les profits du veuvage ;
On ne prend un mari que pour le perdre un jour,
La Veuve de l'hymen appartient à l'Amour.

LE BAILLI.

Quand vous voudrez parler, commencez par vous
taire,
Ou du moins attendez qu'un Bailli vous éclaire ;
Vous ne ſavez donc pas ſous quel ſceptre d'airain
L'uſage impérieux courbe le genre humain.
L'Orient a des mœurs qu'ailleurs on juge infames.
Le grand Turc n'a qu'un cœur, le grand Turc a cent
femmes ;
Un ſérail rigoureux renferme leurs appas,
Gardés par des Meſſieurs, qui pourtant n'en ſont pas;
Et jamais ces beautés, quoique leur cœur ſoupire,
Ne mettent ſur ſon front les armes de l'Empire ;

C'eſt le nombre d'amans qui diſtingue au Japon ;
En courtiſant ſa femme on honore un Lapon ;
Miſe en communauté, la femme au bord du Gange
Circule ainſi que l'or, & ſe troque & s'échange ;
Et ſans aller plus loin, apprenez qu'à Paris
Les amans ſont reçus ſans fâcher les maris.

SCÈNE III.

LE BAILLI, LE GREFFIER, UN PROCUREUR.

LE BAILLI.

PROCUREUR étonnant, car vous êtes honnête,
Qu'allez-vous m'annoncer ?

LE PROCUREUR.

Seigneur, la Veuve eſt prête ;
Et vous l'épouſerez ſi-tôt qu'il vous plaira.

LE BAILLI.

Elle en parle à ſon aiſe ; allons, conduiſez-la
Chez le Notaire ; & vous, ſuppôt de la chicane,
Du Coutumier Breton, infatigable organe,
Maintenez cette loi qui réſerve au Bailli.

LE GREFFIER.

N'y comptez pas, Seigneur, quand j'ai dit oui, c'eſt oui ;
Je déteſte une loi que la raiſon abhorre ;
Vous épouſer, Bailli, c'eſt être veuve encore,

C'eſt l'être avec des fers ; je ne ſouffrirai pas
De vous voir par l'hymen annuller tant d'appas.
Un contrat doit-il être un acte involontaire ?
C'eſt pour teſter, Bailli, qu'il vous faut un Notaire.

LE BAILLI.

J'écoute, & c'eſt beaucoup, ne me répliquez plus.
Exécutez, Greffier, mes ordres abſolus,
La loi veut, il ſuffit ; courbez-vous devant elle,
Soyez humble, du moins, ſi vous n'êtes fidele.

SCÈNE IV.

LEBAILLI, UN VALET-DE-CHAMBRE.

LE BAILLI.

QUEL ſujet ſi preſſant vous amene vers nous ?

LE VALET.

L'ordre de Monſeigneur.

LE BAILLI.

Eh bien ! qu'annoncez-vous ?

LE VALET.

Il penſe....

LE BAILLI.

Il a cela de plus que beaucoup d'autres.

LE VALET.

Pour ſes intérêts donc, ainſi que pour les vôtres,

Il croit qu'il conviendroit de différer ces nœuds;
La milice, en effet, est contraire à vos feux;
Brisefer est en route, on craint que ses recrues
De héros tout frais faits, peuplant au loin les rues,
Ne gênent un hymen dont on murmure un peu.

LE BAILLI.

J'obéis à regret, qu'on le lui dise. Adieu.

SCENE V.

LE BAILLI, *seul.*

ATTENDRE & différer! quel obstacle l'arrête?
Seroit-il par hasard friand de ma conquête?
Monseigneur voudroit-il dans ses desirs gênans,
Pere de ses vassaux, l'être de leurs enfans?
Me ravit-il le droit de prétendre à la Veuve?
A quoi me réduiroit une pareille épreuve,
Je ne serois Bailli que pour faire du bien:
L'ennuyeuse besogne, autant vaut n'être rien.
« Cette loi bienfaisante une fois rejettée,
» Que nous resteroit-il? Une coutume ôtée,
» L'autre tombe, nos droits les plus saints, les plus chers,
» Nos honneurs sont détruits, nos tribunaux déserts».
Sortons, j'entends la Veuve, elle se désespere,
Sa douleur m'attendrit, & j'ai peur de m'y faire.

SCÈNE VI.

LASSANA, SUZON.

SUZON.

MADAME, eſt-il bien vrai que vous avez promis?

LASSANA.

L'uſage le demande, & mon cœur s'eſt ſoumis.
Suzon, ma chere enfant, tu naquis en Champagne,
Tu ne ſais pas les loix de la Baſſe-Bretagne ;
Que veux-tu, le guignon pourſuit mes triſtes jours,
L'opiniâtre guignon les pouſuivra toujours.

SUZON.

Un hibou vieux & laid ; vous, jeune encor, & belle,
Quel dommage!

LASSANA.

Il eſt vrai, la coutume eſt cruelle,
Car enfin, quel profit peut me faire un vieillard
Aſmatique, goutteux, caterreux, béquillard,
Qui m'offre des baiſers au moins ſexagénaires,
Et qui les compte encor ;

SUZON.

Et qui n'en compte guères.

LASSANA.

Trop fortuné pays, où la femme au bûcher
Suit ſon mari qui meurt! Là, ſans ſe détacher....

SUZON.

C'eſt tout comme à Paris, le mari mort, ſa femme
Brûle pareillement, mais c'eſt d'une autre flamme.

LASSANA.

Oh! tu ne ſais pas tout, mon mari, grand Colas.

SUZON.

L'étoit-il bien?

LASSANA.

Oui, car je ne l'aimois pas.

SUZON.

Je le crois bien, vraiment, d'ordinaire on s'en pique.

LASSANA.

Ma ſituation eſt-elle aſſez tragique?
J'abhorre mon époux, il meurt, le ciel eſt bon:
La loi m'en donne un autre, & me donne un barbon,
Ce n'eſt pas tout.

SUZON.

Quoi?

LASSANA.

J'aime.

SUZON.

O ciel!

LASSANA.

Heure fatale,
Où Vanne, en s'éloignant, me laiſſa voir Cancale:
Je quittai mon pays, je ne ſais pas pourquoi;
Je ne ſais pas comment j'arrivai, mais pour moi

C'en étoit fait. Alors on tiroit la milice ;
J'apperçus le Sergent, je lui rendis justice,
Son air étoit si doux, son regard si flatteur,
Qu'on eût dit que l'Amour s'étoit fait racoleur.
Mon pere aimoit à boire, & tous les trois nous bûmes,
Il me vit, je lui plus, il me plut, nous nous plûmes.
O douleur ! il fallut joindre le régiment.
Grand Colas m'épousa. Voilà tout le roman.

SUZON.

Où vit votre amoureux ?

LASSANA.

Je ne puis te le dire.

SUZON.

Il vous écrit, du moins.

LASSANA.

Il ne sait pas écrire.

SUZON.

Peut-être savez-vous comme il s'appelle.

LASSANA.

Non.

La piece finiroit, si je savois son nom.

SUZON.

Je vois de votre époux avancer un Ministre,
C'est un Greffier au moins à son regard sinistre.

LASSANA.

Le magot.

SCÈNE VII.

LASSANA, LE GREFFIER.

LE GREFFIER.

» JE reçois ainsi des deux côtés
» Des reproches cruels & si peu mérités :
Vous me croyez fort dur, vous vous trompez, Madame;
Tout Greffier que je suis, je suis bon, j'ai de l'ame ;
L'autel est élevé, ma main vous y conduit
Épouser le squelette, où la loi vous réduit;
Mais c'est pour le briser.

LASSANA.

Quel intérêt si tendre,
A mon sort malheureux un Greffier peut-il prendre ?
Vous aux pleurs endurci, vous nourri dans la loi.

LE GREFFIER.

Hélas ! ce métier-là n'étoit pas fait pour moi ;
Mon cher pere endetté, redoutant la justice,
M'abandonna tout jeune aux soins de ma nourrice
Sans la payer : le sort ici m'a transporté,
Victime, ainsi que vous, de la nécessité.
J'y suis pour détester le Greffe & la chicane,
Et le jour malheureux où je sortis de Vanne.

LASSANA.

De Vanne, attendez donc, je suis de Vanne aussi ;

Si nous allions tous deux nous reconnoître ici ;
Le moyen eſt uſé ; mais qu'importe... Ah ! mon frere.

LE GREFFIER.

Ah ! ma ſœur.

LASSANA.

Quoi ! c'eſt vous ?

LE GREFFIER.

Laſſana, quoi ! c'eſt toi ?

LASSANA.

C'eſt moi, c'eſt toi, c'eſt nous, je ne ſais pas pourquoi ;
N'épuiſons pas nos cris & nos geſtes, je penſe
Que nous aurons encore une reconnoiſſance.

LE GREFFIER.

Ah ! çà, que ferons-nous ?

LASSANA.

L'honneur commande, hélas !
J'épouſe le Bailli.

LE GREFFIER.

Cela ne ſera pas.

LASSANA.

Que me dis-tu ? vois donc, vois quelle eſt ma miſere :
» Tu dois haïr ta ſœur, ſi tu naquis ſon frere.

LE GREFFIER.

Ah ! fuyons un pays où l'on a la noirceur
D'abandonner ſa femme & de haïr ſa ſœur ;
» Nous n'avons de tes jours, pour ne rendre aucun
» compte,
» Qu'à mettre l'Océan entre nous & la honte.

LASSANA.

Ah ! que c'eſt bien parler.

LE GREFFIER.

Nous irons à Paris ;
C'eſt-là que de tout temps le mérite eût ſon prix :
Toi, tu t'occuperas des pompons de la mode :
Moi, ma ſœur, de Cujas, du Digeſte & du Code ;
Je ſuis ſûr des profits de la cupidité,
Tu l'es des revenus de la frivolité :
Suis-moi donc à Paris, viens, ou plutôt, ma chere,
Je vais t'y devancer.

LASSANA.

Je m'y perdrois, mon frere :
Comment t'y retrouver ?

LE GREFFIER.

N'en prends point de ſouci ;
Quand on peut, de ſi loin, ſe retrouver ici,
Il faudroit une étoile à tous deux bien fatale
Pour n'en pas faire autant dans une Capitale.
Adieu ; ne change point de réſolution :
C'eſt un peu ton défaut, & j'en ſuis caution.
Juſqu'au revoir.

LASSANA.

Il parle auſſi-bien qu'il raiſonne,
Et parleroit bien mieux, s'il n'imitoit perſonne.

SCÈNE VIII.

LASSANA, SUZON.

SUZON.

L'HYMEN eſt ſuſpendu, quel heureux contretemps!
Vous n'auriez pas plus, Madame, & ſi le temps....

LASSANA.

L'euſſes-tu cru, Suzon; ce Greffier eſt mon frere;
Ma mere fut la ſienne, & peut-être mon pere
Eſt le ſien; il tempête; il veut abſolument
Que le Bailli renonce à notre engagement.

SUZON.

Tant mieux, tant mieux, Madame; allez, laiſſez-le faire.

LASSANA.

L'honneur me le défend, Suzon.

SUZON.

Quelle chimere!
Qu'eſt-ce donc que ce mot dont on fait tant de cas?
L'honneur conſole-t-il des plaiſirs qu'on n'a pas?

LASSANA.

Il n'eſt qu'un ſeul mortel, oui, mon cœur le confeſſe,
Qui pût me décider à trahir ma promeſſe.

SUZON.

Et cet honneur farouche ?

LASSANA.

Ah! peu m'importeroit,
Mon cœur feroit content, & l'honneur fe tairoit.

SUZON.

Sortons, vous raifonnez comme une Tragédie.

LASSANA.

La plus folle fouvent eft la plus applaudie.

Fin du premier Acte.

ACTE II.

SCÈNE PREMIERE.

BRISEFER, *Soldats tambours. Il arrive au bruit du tambour, ses Soldats le précèdent ; il se campe au milieu, comme le Kain dans Mahomet.*

BRISEFER.

QUE l'on dise au Bailli d'assembler les milices ;
Je pars, accompagné de ces soldats novices,
Rassurez les pêcheurs allarmés sur ce port ;
J'ai pris soin qu'aucun d'eux ne s'exposât au sort :
Je respecte Cancale, & j'aime à tant de titres
Les mortels consacrés à leur pêcher des huitres.
Allez.

(Les soldats sortent. Fendant reste)

Tu crois peut-être, ami fidele & cher,
Qu'ici le devoir seul a conduit Brisefer ;
J'aime, ou plutôt j'adore une aimable Bretonne ;
Tu n'y comptois pas trop, & mon amour t'étonne ;

Mais les plus grands héros étoient tous amoureux.
Careſſé par l'Amour, je m'en battrai bien mieux.
Va trouver Laſſana ; c'eſt ma beauté, c'eſt elle ;
Dis-lui qu'à ſes ſermens Briſefer eſt fidele ;
Fais qu'elle me prépare un ſecret entretien :
Si tu ne la vois pas, tu ne lui diras rien.
La maiſon qu'elle habite eſt je crois la premiere,
» Et met avec ſon nom ſes deſtins en lumiere.

(*Fendant ſort.*)

SCÈNE II.

BRISEFER, *ſeul.*

JE tremble, Laſſana; m'as-tu gardé ta foi ?
Tu n'as que dix-huit ans, & j'étois loin de toi.
Ah! les abſens ont tort, & perdent leur mérite.
Celui qu'on ne voit pas eſt oublié bien vîte.

SCÈNE

SCÈNE III.

BRISEFER, FENDANT.

BRISEFER.

EH bien ?

FENDANT.

Je ne ſais rien, je n'ai pu m'avancer ;
Les payſans en troupe empêchent de paſſer,
Et toute la bagarre eſt pour un mariage
Qui fait frémir.

BRISEFER.

Comment ?

FENDANT.

Oui, mon Sergent ; l'uſage
Donne au Bailli le droit d'épouſer à ſon choix
La Veuve qui lui plaît : un très-joli minois
Eſt tombé ſous ſa coupe ; il l'épouſe : on en pleure ;
Et cet accident-là va finir tout à l'heure.

BRISEFER, *furieux*.

Je l'en empêcherai, quoi qu'il puiſſe arriver ;
Je ne la connois pas, & je vais la ſauver ;
J'ai pourtant bien promis d'être enfin un peu ſage,
Et par-tout où j'irois, de reſpecter l'uſage ;
Mais l'uſage eſt cruel, & mon cœur ne l'eſt pas.
J'apperçois l'épouſeur, qui s'avance à grands pas.

SCÈNE IV.

Les Acteurs précédens, LE BAILLI.

LE BAILLI.

Superbe Brifefer, eh mais, quel bruit vous faites !
Oubliez-vous nos mœurs & les lieux où vous êtes ?

BRISEFER.

Ah ! ah ! grave Bailli, vous voilà donc ? c'eft vous
Qui vous mêlez auffi de vouloir être époux ;
Et fûr d'être odieux avec un tel vifage,
Vous ofez invoquer un tyrannique ufage !
Il vous fied bien d'aimer ! Le bel adorateur !
Un Bailli de Cancale a-t-il encore un cœur ?
Jugez ; mais n'aimez pas ; la raifon vous l'ordonne :
Défendez tout le monde, & n'époufez perfonne.
J'apporte deux partis, acceptez l'un des deux ;
Je vous preffe en ami d'abandonner ces nœuds ;
Si vous y perfiftez, ma main vous en délivre,
Et vous affomme ici pour vous apprendre à vivre.

LE BAILLI.

Quelle eft donc ton audace ?

BRISEFER.

Ah ! tu me connoîtras.

LE BAILLI.

Pour me parler ainſi, quel droit as-tu?

BRISEFER.

Mon bras,

LE BAILLI.

» Veux-tu déraciner de ta main infernale
» Cet antique cyprès qui couvre tout Cancale?

BRISEFER.

J'y porterai le fer.

LE BAILLI.

C'eſt ce qu'il faudra voir;
Tes menaces n'ont rien qui me puiſſe émouvoir.

BRISEFER.

Tu n'as donc, malheureux, jamais verſé de larmes?

LE BAILLI.

J'en ai bien fait couler, chaque choſe a ſes charmes.

BRISEFER.

Tigre, j'arrêterai tes excès inhumains;
Tes feux de ſoixante ans, par moi ſeront éteints:
Ce que ma voix n'a pu, cent ſoufflets vont le faire.

SCENE V.

Les Acteurs précédens, UN RECORS.

LE RECORS.

Bailli, la Veuve attend, elle eſt chez le Notaire;
Venez ſerrer enfin cet aimable lien :
Venez prendre avec nous....

BRISEFER.

Oh ! tu ne prendras rien ;
Je te ſuis; j'abolis ton horrible coutume,
Les exploits du Bailliage & les vols de la plume.
Tu me verras bientôt l'eſpadron à la main :
Je ſuis le défenſeur du ſexe féminin.
Reſſemble-moi, renonce au droit que tu réclames :
Jamais un bon François ne chagrina les Dames.

LE BAILLI.

Dans le fonds de ton cœur, ſois François comme moi.
Ne me reproche rien; adieu.

BRISEFER, *furieux*.

Retire-toi.

SCÈNE VI.

BRISEFER, FENDANT.

FENDANT.

AH ! d'indignation tout mon cœur se souleve.
Ami, suivons l'infame, & que ma main l'acheve ;
Désoler un Bailli, c'est venger l'univers :
Mais, quelle est la beauté que ce Bailli pervers
A ses vieilles ardeurs destine & sacrifie ?
Elle est Basse-Bretonne ; elle est jeune & jolie.....
Ah ! si c'étoit l'objet dont mon cœur est épris ;
Mais, ne devinons rien pour être mieux surpris.

(Ils sortent.)

SCÈNE VII.

LASSANA, *seule.*

LIEU fatal ! c'est ici qu'incessamment je jure
De haïr le Bailli sans craindre le parjure :
Voilà donc mon destin : voilà mon triste sort ;
Encore vivante, hélas ! j'épouse un vieillard mort.
Mais l'honneur me l'ordonne ; & cet honneur farouche,
S'il n'est pas dans mon cœur, est souvent dans ma bouche.
O toi que mon cœur aime en dépit de la loi !
Es-tu mort, marié, ne vis-tu plus pour moi ?

SCÈNE VIII.

LASSANA, LE BAILLI.

LE BAILLI.

MADAME, je vous cherche, & le tout pour vous dire
Que notre hymen eſt prêt : le petit cœur doit rire ;
M'épouſer eſt un bien que vous n'attendiez point,
Vous montez aux grandeurs par le nœud qui nous joint.
Ma main répare ici les torts de la nature,
Et vous voilà, mon choux, dans la Magiſtrature.

LASSANA.

Oui, je m'immolerai, c'eſt votre bon plaiſir ;
La loi l'ordonne, hélas ! bien plus que mon deſir ;
Mais n'en doutez jamais : Bailli, je vous déteſte ;
Et s'il vous arrivoit quelqu'accident funeſte...

LE BAILLI.

Je ne crains rien, mon œil veillera tant ſur vous.

LASSANA.

Vos pareils le ſont tous, en dépit des verrous.

LE BAILLI.

Mes pareils ſont des ſots.

LASSANA.

C'eſt ce que j'allois dire.

LE BAILLI.

Ouais, ma chere enfant, eh ! qui donc vous inſpire
Ce mépris de nos loix, cet oubli de nos mœurs ?
Ah ! j'y ſuis, c'eſt le chef de tous ces Racoleurs.
Tu l'écoutes, poulette ; il t'en conte, ah ! mignonne,
Ecoutes-moi plutôt, moi qui penſe & raiſonne.

LASSANA.

Raiſonnez donc aſſez pour ne pas m'épouſer ;
Votre âge avec le mien peut-il ſympathiſer ?

LE BAILLI.

C'eſt être bien ingrat de haïr la vieilleſſe ;
Car nous autres vieillards, nous aimons la jeuneſſe :
Mais d'ailleurs, je ſuis mûr, & je ne ſuis point vieux.
A l'âge où l'on plaît moins, petite, on aime mieux.
Je vais de ton bonheur hâter l'inſtant propice ;
Reine, encore une fois, que l'amour te fléchiſſe :
Ma main eſt un honneur ; & quand tu dois choiſir...

LASSANA.

Ah ! j'aimerois bien mieux que ce fût un plaiſir.

SCÈNE IX.

LASSANA, LE GREFFIER.

LE GREFFIER.

NE crains plus ; du Bailli nous trompons la malice.
Un guerrier ſubalterne, un héros de milice
Obtient de Monſeigneur, qui le confirme à tous,
Qu'on te laiſſe le droit de choiſir un époux.

LASSANA.

Il ne s'informoit point quelle étoit la victime !

LE GREFFIER.

Eh ! qu'importe, ma ſœur, le motif qui l'anime ?
Votre délicateſſe a des retours plaiſans.

LASSANA.

Retenez-le, mon frere, il en eſt encor temps.
(*à part*)
Briſefer ſeul.

LE GREFFIER,

Ma ſœur, vous avez un ſot ſtyle.
Prêt d'épouſer un ſiècle eſt-on ſi difficile ?
Ne vaudroit-il pas mieux ſuivre un fat inconnu,
Que de faire à Cancale un hymen ſaugrenu ?
Tantôt l'honneur vous parle, & vous voilà bégueule.
Tantôt l'amour vous pique, & vous converſez ſeule.
Aujourd'hui vous voulez, pour refuſer demain.

A tout ceci, ma sœur, mettez donc une fin;
Mais votre défenseur vers nous marche & s'avance.

LASSANA.

L'honneur m'ordonne encor d'éviter sa présence.

LE GREFFIER.

L'honneur est bien gênant, aussi beaucoup de gens
S'en passent-ils.

SCÈNE X.

LE GREFFIER, BRISEFER.

LE GREFFIER.

O Vous, le héros des Sergens!
Vous devez m'estimer, je suis Greffier, & tendre.

BRISEFER.

Je sais, de tes pareils, ce qu'on a droit d'attendre:
Laisses-moi.

LE GREFFIER.

Vous croyez qu'apôtre du Bailli....

BRISEFER.

Qu'importe? je me moque & du Greffe & de lui.

LE GREFIER.

Daignez m'entendre, au moins; cette beauté docile
Que menace un hymen tout au moins inutile,
Elle est ma sœur.

BRISEFER.

Comment ?

LE GREFFIER.

Ma foi, je n'en ſais rien.

BRISEFER.

Greffier, tu te ſers-là d'un bien petit moyen.

LE GREFFIER.

On me l'a déja dit.

BRISEFER.

Je conſens à te croire.
Hé bien ! tu ſouffriras qu'une action ſi noire
S'achève, & que ta ſœur, dont on ſurprend la foi,
Sous tes yeux conſternés, obéiſſe à la loi.

LE GREFFIER.

Son malheur eſt plus grand qu'on ne le penſe ; elle aime.
Son amoureux abſent la livre ici lui-même.

BRISEFER.

Et le fat eſt à l'ombre, il a peur du Recors.
Si j'étois cet amant, ſi je l'étois... ah ! mort !
Bailli, cette main-là, ſans ſecours & ſans gardes,
Auroit colaphiſé ton viſage à naſardes,
Ton ſang....

LE GREFFIER.

Calmez, Seigneur, ce trop juſte courroux.
Laſſana, c'eſt ma ſœur ; ſon amoureux, c'eſt vous.

BRISEFER.

Qu'entends-je? Laſſana ! quel nom ! tu l'as dis Veuve ?

LE GREFFIER.

Tout en vous chériſſant : oui, Seigneur, & la preuve,
C'eſt qu'elle a déteſté celui dont le trépas
L'abandonne au Bailli...

BRISEFER.

Qui ne l'obtiendras pas.
Je ne m'étonne plus de cet inſtinct fidele,
Qui, dans mon cœur ſurpris, parloit tout haut pour
elle.
Périſſe le Bailli, courons, & que ma main...

LE GREFFIER.

Oh ! moins de pétulance, ou notre effort eſt vain.

BRISEFER.

Que peux-tu donc pour elle, en ce péril extrême ?

LE GREFFIER.

Il eſt un ſouterrain, caché dans ces murs même,
Et par où l'on prétend qu'une beauté jadis
Fut ſouſtraite à prix d'or à l'hymen des Baillis ;
Il répond à ce puits où ce ſoir on s'aſſemble;
Là, pendant que nos gens converſeront enſemble...

BRISEFER.

Ne te trompes-tu pas, ami ? Ce trou caché
Depuis l'événement devroit être bouché.
Comment, nouveau venu, débarquant même encore,
Sais-tu ce qu'en effet tout le village ignore.

LE GREFFIER.

Vous critiquez toujours ; qu'importe le comment ?
J'ai besoin de ce trou pour notre dénouement.
Marchons , mon Officier , faisons ici des nôtres.
Et qu'un effort dernier l'emporte sur les autres.

Fin du second Acte.

ACTE III.

SCÈNE PREMIERE.

LE GREFFIER, SUZON.

SUZON.

ARRÊTEZ donc, Monſieur, vous courez comme un baſque.

LE GREFFIER.

Ah! ce maudit Bailli nous a fait une fraſque.

SUZON.

Quoi donc?

LE GREFFIER.

Accompagné d'un eſſain de Recors,
Il a de Briſefer rompu tous les efforts;
L'autre a, comme il a pu, lutté contre le nombre;
Mais ſes gens ſont battus, & lui-même eſt à l'ombre.

SUZON.

Adieu notre eſpérance.

LE GREFFIER.

Oh! que non; le Bailli
Va, de mon déſeſpoir, être encor aſſailli;

Je lui remets ſon Greffe, & je redeviens homme.
Il n'eſt pas mon beau-frere; & je veux qu'on m'aſ-
ſomme,
Si Laſſana l'épouſe : allez lui déclarer,
Que pour l'en affranchir je vais tout préparer.

SCÈNE II.

LE GREFFIER, *ſeul.*

J'ADMIRE ce Bailli : certain que je l'abhorre
Pour me rendre inutile, il n'a rien fait encore :
C'eſt qu'il me connoît trop, à la fin j'en rougis,
Car je parle toujours, & jamais je n'agis.

SCÈNE III.

LE BAILLI, LE GREFFIER, TOUS LES PAYSANS.

LE BAILLI.

Peuple, soyez en paix, c'est moi qui vous délivre
Des transports effrenés de ce Racoleur ivre;
Il alloit abolir (Citoyens, j'en frémis)
Une loi que l'Amour dicta pour les Baillis,
Par qui la moindre Veuve, en quittant sa chaumière,
Peut s'unir à mon sang, & marcher la première.
Des Recors qui l'ont pris, nul ne s'est ébranlé:
Pour la premiere fois, nul d'eux n'a reculé:
Duement emprisonné par mon ordre suprême,
Il m'a rendu le calme; & la beauté que j'aime
Va recevoir ma main libre de tout son souci;
Greffier, allez la prendre, & l'amenez ici.

LE GREFFIER.

Que je l'aille chercher? vous me la donnez belle;
N'y comptez point du tout.

LE BAILLI.

Eh quoi! petit rebelle,
Vous oseriez aussi résister à la loi?

LE GREFFIER.

Ces commissions-là sont indignes de moi,

LE BAILLI.

Gens qui vous valent bien les feroient, téméraire.

LE GREFFIER.

Ils ne me valent pas, puifqu'ils pourroient les faire.

LE BAILLI.

Pour me contrarier, faquin, quels font tes droits?

LE GREFFIER.

Je défends le beau fexe opprimé par vos loix;
Ces loix qu'à votre gré votre intérêt ajufte,
Si le fexe en eut fait, il eût été plus jufte.
Pour la femme, en un mot, eft-ce un mal trop léger
De n'en éprouver qu'un fans en pouvoir changer?
Faut-il donc s'immoler au joug d'une habitude?
Marier fes beaux ans à la décrépitude?
Unir le froid au chaud, & l'hiver au printemps?
Calculez, vieux Bailli, vous avez foixante ans;
Abandonnez la lice ouverte à la tendreffe:
L'Amour, ainfi que Mars, ne rit qu'à la jeuneffe.

LE BAILLI.

Conviens que j'ai fouffert affez patiemment
Tes contradictions & ton entêtement:
Je ne fais trop pourquoi, féditieux éleve,
Dans le rang de Greffier, où ma bonté t'éleve....

LE GREFFIER.

Ah! qu'à cela ne tienne; allez, n'ayez pas peur,

Reprenez

Reprenez votre Greffe, & rendez-moi mon cœur;
Je vais vous étonner par un autre langage :
Lassana....

LE BAILLI.

Parle.

LE GREFFIER.

Eh bien, devinez.

LE BAILLI.

Oh! je gage....
Qu'elle est ta sœur.

LE GREFFIER.

Tout juste, il l'a dit.

LE BAILLI.

Tu vois bien
Qu'un liseur de romans n'est étonné de rien.
Elle est ta sœur, la chose est pourtant admirable;
Mais cela n'y fait rien, j'épouse au préalable;
Allez donc la chercher, chef de mes fiers Records;
Allez; & que ce puits, témoin de nos accords....
Mais elle-même ici vous épargne la peine
De la prévenir.

SCÈNE IV.

Les Acteurs précédens, LASSANA.

LE BAILLI.

Viens, viens, mon cœur, viens, ma reine :
Voici donc le moment qui doit me rendre heureux.

LASSANA.

Où suis-je? Ciel! quel spectre est offert à mes yeux?
L'ombre du grand Colas, le Bailli, j'extravague.

LE BAILLI.

Que penser, en effet, d'un discours aussi vague?
Elle est folle.

LE GREFFIER.

Ah! ma sœur, tu pers un bel appui,
Ce héros, ce Sergent.

LASSANA.

Ah! qu'a-t-on fait de lui?

LE GREFFIER.

Le Bailli l'a surpris par trahison notoire,
Il maudit au cachot la robe & l'écritoire.

LASSANA.

Ainsi donc, c'en est fait, tout est désespéré;
Bailli, n'approchez pas, je vous étranglerai;
Amis, je perds la tête, & la fureur m'égare,
Ou l'hymen ou la mort, le choix est aisé. . . . Gare.

(*Elle s'élance dans le puits*)

SCÈNE V & derniere.

Les Acteurs précédens, BRISEFER, SOLDATS.

LE BAILLI.

J'ENTENDS du bruit, on vient; ah! m'auroit-on trahi?

BRISEFER.

Laſſana dans le puits! ſuivons-la, ſautons-y.

(*Il ſe jette dans le puits*)

LE BAILLI.

Au ſecours, tirons-les, j'ai peur du tête-à-tête.
Ferme, courage, allons donc, je les tiens, qu'on s'arrête.
Deſcendez, couple Amant.

(*Briſefer & Laſſana s'aſſeyent ſur le bord du puits*)

BRISEFER.

Idole de mon cœur,
Laſſana.

LASSANA.

Briſefer, toi mon libérateur.

BRISEFER.

Laſſana, c'eſt moi-même; oui, c'eſt moi qui t'adore,
Qui t'arrache au trépas, à l'hymen pire encore:
Tes jours que j'ai ſauvés vont donc m'appartenir!

LASSANA, *d'une voix éteinte.*

J'ai donné ma parole....

BRISEFER.

Et tu dois la tenir;

Mais à moi.

LE BAILLI.

Doucement; on ſait qu'elle eſt ma femme,
C'eſt moi qui la confiſque, & la loi la réclame.

BRISEFER.

Ne pouſſez point à bout mon amour irrité:
Capitulons, papa, je vous offre un traité,
Il faut perdre aujourd'hui la Veuve ou les oreilles;
Les choſes en ce cas.....

LE BAILLI.

Sont loin d'être pareilles.
Épouſez-la.

LASSANA.

Je n'ai rien à te reprocher,
Il eſt beau de monter dans les feux d'un bûcher;
Mais celui qui conſent à nager pour ſa belle,
Conſentiroit de même à ſe brûler pour elle.

BRISEFER.

Chere Amante, partage après tout notre effroi,
Tant de reconnoiſſance entre ton frere & moi;
Vous, peuple, eſpérez tout d'un changement propice.
Défenſeur de l'État, fameux dans la milice,
J'attaquerai la loi comme un horrible abus,
Les Baillis ſurannés ne ſe marieront plus:

Sevré

Sevré juſqu'aujourd'hui des douceurs du veuvage,
Cancale ſortira d'un ſi dur eſclavage,
Et les maris mourront avec impunité.
(*au Bailli*)
Pardonnez-moi, Bailli, mes airs de dignité.

LE BAILLI.

Oui, tout eſt pardonné, qu'entre nous tout s'efface.

BRISEFER.

Melpomene à ſon tour doit m'accorder ma grace;
En les traveſtiſſant j'admire ſes héros,
Le Parodiſte rit, mais jamais il n'outrage;
Nul ne fait mieux priſer les beautés d'un ouvrage,
Que celui qui s'occupe à chercher ſes défauts.

FIN.

APPROBATION.

J'AI lu par ordre de Monſeigneur le Liéutenant Général de Police, *La Veuve de Cancale, Parodie*; & je n'y ai rien trouvé qui m'ait paru devoir en empêcher la repréſentation, ni l'impreſſion. A Paris, le 12 Octobre 1780. *Signé*, SUART.

Vu l'Approbation, permis de repréſenter & imprimer. A Paris, ce 12 Juillet 1780.

Signé, LE NOIR.

www.ingramcontent.com/pod-product-compliance
Lightning Source LLC
LaVergne TN
LVHW010008230826
846092LV00002B/703